OTBE
L UIOY

JU
TPS. BO3

TIRAMOT
BUCER

www.ingramcontent.com/pod-product-compliance
Lightning Source LLC
Chambersburg PA
CBHW082145290526
45794CB00008B/3170
* 9 7 9 8 8 7 3 5 3 2 5 0 6 *